BIBLIOTHÈQUE DE LA LIBRAIRIE DE...

LA

VIE DES CHAMPS

COMPARÉE A LA

VIE DES VILLES

OU LA

DÉSERTION DE NOS CAMPAGNES

JUGÉE

AU TRIBUNAL DU SENS COMMUN

PAR

ADOLPHE LEROY

PARIS

LIBRAIRE-ÉDITEUR

RUE ...

186.

LA

VIE DES CHAMPS

PARIS, LIBRAIRIE. — MIRECOURT, TYP. HUMBERT.

BIBLIOTHÈQUE DE LA LIBRAIRIE DES LIVRES UTILES

LA

VIE DES CHAMPS

COMPARÉE A LA

VIE DES VILLES

OU LA

DESERTION DE NOS CAMPAGNES

JUGÉE

AU TRIBUNAL DU SENS COMMUN

PAR

ADOLPHE LEROY

PARIS

HUMBERT, LIBRAIRE-ÉDITEUR

RUE BONAPARTE, 43

1863

1864

I

Je me trouvais l'année dernière dans un petit
coin de la Bretagne, au bord de la mer, bien
loin des merveilles de la civilisation. Point
d'édifices que l'église, point d'académie, point
de magasins de hautes nouveautés au rabais,
point de machines. On y bat encore le grain
sur l'aire, en chantant au soleil et en rendant
grâce à Dieu de la moisson.

J'allais souvent me promener sur des falaises
tapissées de mousse et de fougère, et couron-
nées de beaux arbres, d'où l'on voit la mer,
semée jusqu'à une grande distance d'îlettes et
de rochers.

Pendant les trop courtes journées que je passai

là, en moins d'un mois, je vis tous les jours la marée monter et se retirer à son heure, laissant sur le rivage son tribut de goëmous. Je vis changer deux fois la décoration et la parure de la terre, de nouvelles fleurs éclore dans les buissons et dans l'herbe, de nouveaux papillons voler dans les airs, les feuillages changer de teintes, les fruits mûrir. Je vis un peuple laborieux, pauvre et content, tirer des dons de Dieu toutes les choses nécessaires à la vie humaine, par une industrie qui dépasse infiniment toutes les découvertes modernes, qui n'a besoin d'aucune d'elles et dont aucune ne peut se passer; industrie pleine de sagesse, douce à l'artisan, et qui n'ôte ni le ciel de ses yeux, ni la chanson de ses lèvres, ni Dieu de son cœur,

Je vis, le dimanche, ce même peuple, en habits de fête, fidèle à ses vieilles coutumes, débris d'une science sociale dont le secret sera difficile à retrouver, s'entasser dans son église trop étroite, écouter et comprendre la parole de Dieu, prier pour le chef de la société, pour le drapeau, pour les vivants et pour les morts, offrir ses aumônes en même temps que ses prières, se partager les pauvres et leur assurer à tous un asile et du pain.

Cette population produit peu d'employés, mais beaucoup de laboureurs, de marins, de soldats, de religieuses et de prêtres. J'y ai connu par leurs noms des fidèles qui font sans bruit plus que le devoir ordinaire, qui supportent sans se plaindre plus que les ordinaires afflictions.

C'est que la religion est aux âmes ce que le soleil est aux champs, ce soleil dont parlait si bien naguère un poète digne de ce nom :

> C'était notre soleil dans les travaux obscurs
> Qui nous ont gardés fiers en nous conservant purs (¹).

Oui, comme le soleil fait épanouir les fleurs et mûrir les fruits, ainsi la religion, par sa douce et mystérieuse influence, fait germer dans les âmes les plus précieuses moissons, toutes les vertus qui, en même temps qu'elles fructifient pour la terre, fructifient aussi pour le ciel. C'est pour cela qu'elle place, non pas

(¹) Victor de Laprade, de l'Académie française.

seulement dans les villes opulentes, mais dans chaque village, un clocher, un presbytère, et, dans ce presbytère, un agriculteur, l'agriculteur des âmes, celui qui est si bien nommé l'homme de Dieu, et qui est en même temps l'homme du peuple, puisque sa tâche en ce monde est de faire lever dans les âmes, même les plus humbles, toutes les moissons de l'éternité.

Ah! qu'on fait donc de mal à l'homme des champs lorsqu'on chasse de son cœur les constants espoirs que la religion y dépose, et de son toit les vertus qu'elle y inspire! Ah! qu'on ne nous fasse plus de cultivateurs irréligieux, impies! La religion et la nature s'en étonnent et s'en attristent également. Qu'un homme creuse un sillon et y jette la semence, cette portion de la récolte précédente qu'il retranche de sa nourriture et de celle de ses enfants, pour la confier à Dieu; qu'il fasse cet acte de foi sans jamais élever son regard vers Dieu, qui fait tomber sa pluie et son soleil sur les moissons; qu'il soit placé en face d'un Dieu si visible dans ses œuvres, sans le voir, et des manifestations éclatantes de sa sagesse et de sa bonté, sans le bénir ; qu'il interroge les vents du ciel et les entrailles de la terre, c'est-à-dire la créature et la création dans leurs lois mystérieuses et immuables ; qu'il n'ait pas d'autres instruments que ceux mêmes de la Providence, les saisons, les astres, le soleil, les frimas, la germination universelle, la fécondité divine et intarissable de la nature elle-même, et qu'il soit un impie, je ne puis le comprendre !

Dans les villes, au milieu des travaux de l'homme, des merveilles des arts et de l'industrie de l'homme, je conçois qu'on se laisse étourdir par le bruit des machines, et que la main de l'ouvrier mortel dérobe aux regards celle de l'ouvrier divin.

Mais l'agriculteur, dans la solitude active et le silence animé de ses travaux, rencontrant Dieu à chaque pas, ne saurait, pour ainsi dire, penser qu'à lui. La sérénité du jour et le nuage, la sécheresse et la pluie le conduisent aussi naturellement à la prière, que s'en éloigne facilement le travailleur asservi et surmené de nos grands foyers, on serait tenté de dire de nos dévorantes fournaises industrielles. Aussi l'industrie a des dates. L'agriculture n'en a pas. Elle est contemporaine de la création. Que dis-je? Elle a été créée par le Très-Haut lui-même. « Mon Père est agriculteur, » disait le Christ. Et lorsque Dieu eut créé l'homme, il le plaça, nous dit la Bible, dans un beau jardin, *afin qu'il le cultivât.* « Tu cultiveras la terre, » telle est donc la première loi que Dieu donna à l'homme dans l'Eden heureux, et lorsque l'homme innocent fut devenu l'homme prévaricateur, il ne lui en donna point d'autre encore, il ajouta seulement : « Et tu mangeras ton pain à la sueur de ton visage. » Cela n'était que trop juste. Le coupable ne devait pas être traité comme l'innocent, et celui qui, par sa faute, s'était ôté le don gratuit, devait s'estimer bienheureux de pouvoir le reconquérir par le travail. Ce que nous considérons ici comme une punition n'était donc, à proprement parler, qu'un bienfait. Dans l'origine, tout le prix de ce bienfait pouvait être mal senti. Mais par la miséricorde de Dieu, et par le travail de l'homme, il devint bientôt large et fécond, évident et palpable.

II

Que l'agriculture soit la véritable destination de l'homme pendant sa terrestre carrière, il suffirait, pour s'en convaincre, de jeter un coup d'œil sur l'histoire universelle des nations, et de considérer les désastreux effets que son abandon produit. Tout peuple qui, fidèle à la loi du Seigneur : « Tu cultiveras la terre, » a placé dans l'agriculture les conditions de son existence, a toujours été un peuple libre et fort. Tout peuple, au contraire, qui, désertant l'agriculture, a voulu se soustraire à cette même loi, a toujours été un peuple faible et tourmenté. On sait, d'ailleurs, quelle était la pensée de tous les bons esprits de l'antiquité sur l'agriculture.

Elle peut se résumer dans cette phrase de Xénophon : « Je n'admets pas qu'un homme libre puisse préférer à la terre quelque autre bien que ce soit, ou trouver une occupation à la fois plus utile et plus agréable à la vie que l'agriculture. » Tous les auteurs anciens sont unanimes sur ce point. Il n'en est pas un qui ne proclame hautement la supériorité des travaux champêtres sur tous les autres. Il n'en est pas un qui, en parlant de la campagne, ne dise : « Là est le bonheur ! »

« Lorsque l'agriculture fleurit, dit encore Xénophon, tous les arts fleurissent avec elle ; lorsqu'elle est abandonnée, tous les autres travaux, tant sur terre que sur mer, s'anéantissent en même temps. » Cicéron, ce disciple de la sagesse grecque, répète presque mot pour mot les paroles de Xénophon. Ouvrez Columelle, lisez Caton, le vieux Caton, et vingt autres, et cent autres, poètes, philosophes, législateurs, partout vous retrouverez la même pensée, le même sentiment, la même énergique conviction. Aussi Virgile n'était-il que l'interprète de tous ses devanciers, lorsque, à son tour, il s'écriait : « Heureux les hommes des champs ! trop heureux, s'ils connaissaient tout leur bonheur! »

Mais à quoi bon citer des auteurs profanes, quand nous pouvons invoquer le témoignage et des livres saints et de Dieu lui-même? C'est sur l'agriculture que Moïse, le législateur inspiré, fonda son gouvernement, et c'est sur elle que roula toute la vie de son peuple, tant que ce peuple a duré. Plusieurs périodes d'une abondance inouïe régnèrent en Judée. Elles furent toutes le fruit de l'agriculture. Au temps de Salomon, nous dit la Bible, « chacun, comblé de biens, vivait content et heureux à l'ombre de son figuier. » Ainsi ce grand roi, ce roi qui mérita le nom distinctif de *sage*, fidèle à la tradition de ses pères, ne voyait, lui non plus, que dans l'agriculture, et ne cherchait que là, la force pour lui-même et le bonheur pour son peuple. Aussi disait-il dans ce noble et poétique langage qui lui était dicté par la sagesse : « Le peuple qui cultive la terre sera rassasié de pain, mais celui qui l'abandonne court après la famine et ne se repaît que de vent. »

Sans cesse les prophètes parlent des travaux de la campagne, des produits de la terre, et c'est toujours aux choses de l'agriculture qu'ils em pruntent leurs plus magnifiques promesses, comme leurs menaces les plus terribles et leurs plus sublimes images.

Et le Christ! Le Christ était l'ami des champs et de tout ce qui s'y trouve. Né dans une étable, il voulut passer trente années de sa vie dans la boutique d'un charpentier, c'est-à-dire d'un homme s'occupant de la confection d'instruments de labourage. Il fit plus, il voulut travailler lui-même pour les champs, il voulut devenir lui-même un ouvrier agricole, et le docte Bossuet nous apprend que, dans les premiers temps de l'Eglise, les chrétiens se souvenaient encore des charrues que le Sauveur avait faites.

Il suffit d'ailleurs, d'ouvrir l'Evangile pour voir combien l'esprit de l'Homme-Dieu était incliné vers la vie champêtre. Enseignements, images, paraboles, il tire tout des choses de la campagne et des travaux mêmes de l'agriculture. Il se compare lui-même à la vigne et nous aux branches. Il n'est pas seulement le semeur céleste, il est la semence, il est la tige, il est la sève féconde. Les apôtres de l'Evangile sont les ouvriers de la vigne du Seigneur.

L'Eglise, c'est un grain de sénevé qui croît et devient un grand arbre. La tâche échue à chacun dans la vie, c'est une journée de moissonneur: la récompense après la vie, c'est le salaire après le travail du jour. Ce monde, où les méchants sont mêlés avec les bons, c'est un champ où l'ivraie croît avec le bon grain; le juge qui fait l'éternelle séparation, c'est le laboureur qui vanne son blé dans son aire, recueille le froment dans ses greniers et jette la paille au feu. L'homme inutile dans la vie, c'est le figuier stérile, il est maudit. « Je vous ai posés, nous dit le Seigneur, pour que vous alliez et que vous portiez des fruits. » Comme c'est l'usage de l'homme des champs, il emprunte des pronostics aux vents, au soleil, et lit dans le ciel les signes du temps. Il demande aux oiseaux, aux lis des campagnes de nous parler de la Providence. Il nomme, comme image des vertus et des vices, les boucs et les brebis, les loups et les renards, les serpents et les colombes. Il parle de la métairie et du fermage, des bonnes et des mauvaises terres, des bons et des mauvais serviteurs, de l'économe infidèle. Il n'est pas jusqu'à la demeure rus-

tique de nos ménagères et à ses plus humbles
habitants qui ne lui fournissent d'aimables sym-
boles : « Comme la poule, dit-il, rassemble ses
petits sous ses ailes, combien de fois n'ai-je
pas voulu vous ramener près de moi, et vous
ne l'avez pas voulu ! »

Ainsi parlait le Sauveur. Or, le Dieu qui
consentit à mourir sur une croix pour nous,
voulait, à coup sûr, notre bonheur en ce monde
comme en l'autre. Si donc il ramène incessamment nos pensées, nos sentiments, toutes les
facultés de notre esprit, de notre cœur, vers
l'agriculture, c'est, évidemment, qu'il ne voyait
que là d'occupation vraiment salutaire pour
nous, qu'il ne voyait pour nous de bien-être
possible que là, qu'enfin là, et là seulement, il
voyait tous les éléments essentiels et toutes les
conditions vitales de notre pèlerinage ici-bas.

III

Oui, autant le séjour et les travaux de la campagne sont moralisateurs et féconds pour le bien-être, autant le séjour et les travaux des villes sont marqués au coin d'une vanité stérile et portent en eux-mêmes tous les germes de la corruption. Toujours les vices, destructeurs de la force physique et meurtriers des vertus, ont élu leur domicile dans les grandes agglomérations d'hommes. Ceux qui peuvent les satisfaire s'y livrent de manière à en être bientôt dévorés, et ceux qui ne le peuvent pas trouvent dans leur détresse même tout ce qu'il faut pour les abrutir et promptement les tuer. Car la misère est bien autrement poignante, affreuse, dé-

2

sespérée, à la ville qu'au village. La dissipa-
ion à laquelle s'abandonnent ceux qui possèdent,
ne leur permet pas de songer aux souffrances
de leurs semblables. Ils sont eux-mêmes conti-
nuellement dans un état de gêne, et cet état
devenant de plus en plus prononcé à mesure que
l'on descend l'échelle sociale, il en résulte fina-
lement une misère qui, littéralement, écrase
tout ce qui se trouve au bas de cette triste pyra-
mide humaine.

Qu'est-ce, en effet, que l'ouvrier, le prolétaire de nos villes? C'est un être qui vient
au monde sur un peu de paille et à qui la par-
cimonie de nos institutions charitables disputera
quelques planches le jour où son corps sera
rendu à la terre. C'est un être *qui n'a rien*, —
épouvantable anathême! — un être qui végète misérable et avide au milieu de toutes les
jouissances que la richesse invente pour ses
élus. Il a sous les yeux une foule d'oisifs qui
se reposent, consomment, s'amusent, et lui, il
travaille, produit et souffre. Aussi, presque
toujours, il y a de l'envie et du fiel dans son
cœur.

A la porte d'un palais, il habite une cave,

un sépulcre, ou bien, sous les combles, un tau-
dis infect. L'industrie lui offre du travail,
c'est-à-dire qu'elle consent à faire mouvoir ses
bras quinze heures par jour, en guise de machines, dans des ateliers privés d'air. Aussi
l'ouvrier des villes est-il blême et chétif de corps,
trop souvent même scrofuleux et difforme.
A cinquante ans, c'est un vieillard, et on le met
à la porte des ateliers. A cinquante ans, sa vie
active est finie et sa vie de mendiant commence.
Heureux si les engrenages de quelque machine,
en lui broyant bras ou jambes, ne l'ont pas ré-
duit à la commencer beaucoup plus tôt! Sa
femme n'est, bien souvent, qu'une pauvre et
sale créature qui n'a ni charme ni santé. Ses
enfants se traînent et grandissent dans la fange
des carrefours. C'est une vie qui passe, hormis
les sensations de la douleur, terne et brute.
Connaît-il un plaisir, cet homme? C'est un plaisir qui l'empoisonne et le tue! L'ivresse qui lui
fait oublier un instant ses maux, en ravive bientôt la source. Trop souvent elle le dévore, lui
et toute sa triste famille!

Aux champs aussi nous retrouvons cet ouvrier, ce prolétaire à qui chaque matin la né-

cessité crie : «Sous peine de mort, travaille!»
Mais si la vie de cet homme est rude, plus rude
même que celle de l'ouvrier des villes, du moins
elle n'est pas hideuse et sans espoir! Cet homme
est sain et robuste, et son travail même de tous
les jours, loin de l'épuiser, soutient et active
sa force. Il est battu de la pluie et du vent,
oui, mais il plonge avec plaisir dans un air
vif et pur, et sa large poitrine se dilate libre-
ment sur le magnifique théâtre de la nature.
Le soleil d'été bronze son front et ses bras nus,
oui, mais il ne craint pas cette chaleur vivi-
fiante, et, d'ailleurs, les plus doux rayons du
printemps sont pour lui, pour lui sont les der-
niers beaux jours de l'automne. Aux champs,
l'air et l'espace ne s'achètent pas au poids de
l'or. Presque toujours sa chaumière est à lui,
et à lui aussi est le pommier ou le tilleul sécu-
laire qui s'élève à sa porte et ombrage son toit,
son banc rustique et les jeux de ses enfants dans
la poussière du chemin. Rien de plus nu que
la cloison blanchie de sa cabane; c'est la pauvreté même. Mais la pauvreté riante, et souvent
de son seuil il voit se dérouler sous ses yeux
le magnifique paysage de la verte vallée, de

la plaine ondoyante et sans fin, de la montagne couronnée de bois.

Cet homme rude et grossier, facilement nos beaux esprits de la cité le croiraient insensible à ces riches harmonies de la nature qui se déploient autour de lui. Mais pourquoi donc, s'il ne les sent pas, éprouve-t-il une aversion si profonde pour vos villes, avec leurs perspectives de murailles et de toits? pourquoi n'y peut-il demeurer plus d'un jour sans qu'il lui paraisse qu'il manque à la fois d'air, de nature et de vie? pourquoi cette larme qu'il essuie du revers de sa main, lorsque, après quelque temps d'absence, il revoit à l'horizon les masses verdoyantes sous lesquelles se cache sa chaumière, et, par-dessus la cîme des grands ormes, la pointe du clocher de son village? Non, l'être sensible n'est pas mort sous cette âpre écorce; il vit, il a ses joies et son bonheur. Et pourquoi ne serait-il pas heureux? Il lui est permis d'espérer! Tout autour de lui, il voit des hommes qui, comme lui, n'avaient que des bras et du courage, et qui, à force de travail, sont sortis de la misère, et qui, à force d'économie, lègueront à leurs enfants de l'aisance. Le paysan laborieux a toujours une perspective. Son jardin, son étable, son petit champ, peuvent devenir le germe d'une meilleure fortune; et parce qu'il l'entrevoit, il travaille à l'atteindre, il s'en rapproche chaque jour, et il voit s'élever autour de lui une robuste et heureuse famille qui déjà l'aide à sortir de l'indigence.

IV

Je ne prétends pas célébrer ici les avantages
sans mélange de la vie champêtre. Dans les poé-
sies pastorales seulement, descriptions de champs
imaginaires où les paysannes dansent tantôt *sur,*
tantôt *sous* la fougère, les pelouses sont toujours
vertes et émaillées de fleurs ; des ruisseaux de
lait et de miel serpentent en gazouillant dans
les prairies verdoyantes ; le rossignol ne cesse
jamais de jeter au vent ses roulades mélodieu-
ses ; la nature entière est, à la campagne, un
éternel printemps, la vie une fête sans fin. En
réalité, le soleil brûle quelquefois nos prairies,
le torrent débordé les ravage, la gelée ou la
grêle détruit les fruits de nos jardins, les
raisins de nos vignes, les blés de nos champs ;
les maladies frappent nos bestiaux, nos vo-
lailles et nos abeilles, le chant des oiseaux

dure moins que les plaintes du vent, le *wer-giss-mein-nicht* même, cette charmante petite fleur, du bleu le plus tendre, dont on a fait l'emblême de la mémoire du cœur, ne fleurit pas toujours au bord de nos ruisseaux; enfin la terre, après avoir fourni une bonne ou une mauvaise récolte, a besoin de se reposer et se couvre d'un immense linceul de neige et de glace.

Oui, dit-on, voilà la vérité sur la vie des champs. Eh bien! donc, laissez-là les poètes, les pastorales et les bergers qui se parent de roses et qui vivent d'amour; tenez-vous à la réalité, et dites si, sur cette dure terre, qu'il faut fendre tant de fois et retourner sous ce ciel d'airain qui vous brûle, si, sur ces tas de fumier qu'il faut sans cesse manier, il y a plus de charme de la vie qu'au sein des villes et de la civilisation.

Eh bien! je ne m'en dédis pas. Oui, mes amis, oui, notre part de bonheur est belle. Sans doute, nous ne sommes pas tous et toujours au village les favoris de la fortune. Le château est pour un seul, la ferme pour trois ou quatre, le manoir paternel pour quelques-uns et des centaines n'ont qu'un toit de chaume pour abriter leur tête, et des bras à mettre au service des autres. Mais c'est la loi commune de l'inégale répartition des biens de ce monde, cela. Acceptons donc ce partage, inégal sans doute, mais inégal pour nos frères de la ville comme pour nous. Là aussi, et plus que chez nous, il y a des aînés qui jouissent de tout l'héritage, à la charge de donner à travailler et à vivre à leurs nombreux cadets. Ainsi nous avons trouvé le monde et nous ne le changerons pas. Mais j'ai vécu au milieu des villes, je connais les fruits de leur civilisation, et je maintiens que nous, hommes des champs, à quelque degré que la capricieuse fortune nous ait placés, nous devons nous estimer heureux, et mille fois heureux, comparativement au sort de l'habitant des cités mis au même niveau.

Ah ! oui, je le sais, aujourd'hui, aux yeux du plus grand nombre, l'industrie est tout, l'agriculture n'est rien. Dans les décrets, sur les affiches, dans les écrits de tout genre, c'est l'industrie qui occupe toujours le premier rang. C'est sur elle que se concentrent l'intérêt et l'affection. Elle absorbe la fortune du riche, le travail du pauvre, celui du savant et de l'artiste. Et il n'est pas même jusqu'aux paresseux qui n'y aient des intérêts engagés. Lorsqu'il s'agit de l'industrie, ils ne sont plus oisifs, ils spéculent et achètent des actions.

Eh bien ! j'ai vu à Paris et à Londres l'Exposition gigantesque de toutes les inventions de l'industrie ; et si j'ai éprouvé un sentiment d'admiration, j'ai été bien plus vivement encore frappé d'un sentiment de terreur, et je me suis demandé : « A quoi cela sert-il et comment l'obtient-on ? » J'ai vu à l'œuvre ces puissantes machines qui semblent devoir affranchir l'homme de la plus rude partie de ses labeurs, et j'ai pu constater à quel point, au contraire, elles rendent son travail plus dur et plus dégradant. Je sais quel est le nombre de victimes humaines que broyent chaque année ces rouages ingénieux. J'ai visité ces immenses fabriques où garçons et filles s'entassent ; j'ai habité ces grandes villes manufacturières, ces grands centres de l'industrie au profit desquels l'absentéisme et le dépeuplement dévorent nos campagnes, et je sais quelle corruption et quelle misère y régnent ! Et à ceux qui n'ont rien vu de tout cela, je montrerai l'effroyable miniature des mines d'Anzin, et ils verront à combien d'hommes il faut ravir la vue du ciel pour amener à ces machines le charbon nécessaire. Les pauvres mineurs d'Anzin, en construisant eux-mêmes l'image de leur prison, n'ont pu y placer le feu grisou, les éboulements, les inondations, toutes ces choses qui les menacent incessamment. Mais tel qu'il est, ce tableau sinistre semble détaché de l'enfer, et involontairement, en le voyant, les vers du Dante reviennent à la pensée.

« O race d'hommes, maudite sur toutes les
» autres, qui gémit dans ce lieu dont il est
» dur de parler, mieux aurait valu pour toi
» être des chèvres ou des brebis sur la terre !
» Aussitôt que nous fûmes au fond du puits
» obscur, sous les pieds du géant, mais beau
» coup plus bas, et tandis que je contemplais
» encore les parois élevées, j'entendis qu'on me
» disait : « Prends garde où tu marches, n'é
» crase pas avec la plante de tes pieds les
» têtes de tes frères malheureux, harassés (*). »

(*) *Infero*, canto XXXII.

V

Oui, plus l'on réfléchit aux conditions d'existence qui règnent à la ville et à celles que l'on trouve à la campagne, moins l'on comprend la manie des déserteurs de nos villages. Pour se l'expliquer, il faut admettre que ces malheureux ne savent ce qu'ils font. Ét comment le sauraient-ils? Ils ne connaissent pas la ville, ils ne la connaissent que par ouï-dire, ils n'y sont jamais demeurés plus d'un jour. Mais avant de croire leurs séducteurs sur parole, le bons sens devrait leur dire qu'il conviendrait d'examiner s'ils en sont dignes. Il faudrait également voir, aller étudier sur les lieux, parfaitement s'assurer à l'avance sur quoi reposent ces grandes promesses de fortune et d'avenir qu'ils débitent si libéralement. Il faudrait surtout leur demander s'il n'est pas vrai que pour un, deux, trois qui réussissent, il y en a des milliers et puis encore d'autres milliers qui végètent dans toutes les angoisses du besoin et meurent dévorés par la misère? Une redingote sur le dos n'est pas toujours une preuve de bien-être. Elle n'en est même, le plus souvent, à certain degré social, que la négation. En ville, on sacrifie tout au luxe, même le plus strict nécessaire. Un laboureur ira voir un ancien ami qui est allé habiter la ville. Il en sera reçu et traité comme un prince. Et le voilà enchanté, et le voilà qui se dit : « Mon Dieu! que je voudrais être ainsi! » Mais que le lendemain il le surprenne juste à l'heure où il mange son dîner, et il verra de quoi il le compose!

Ah! si l'homme des champs qui abandonne sa chaumière savait! ah! s'il avait fait de plus longs séjours dans ces lieux qu'il rêve comme l'asile du bonheur, si seulement il avait passé six semaines à Paris, comme vite il dirait : « Arrière, je reste au lieu qui m'a vu naître! »

Mais hélas! l'homme des champs ne sait pas, il ne connait pas, et, simple et crédule, il obéit à l'impulsion du torrent.

Eh bien! marche, mais en dépassant la dernière maison de ton village dis: « Adieu bonheur! » Oui, car que faut-il à l'homme pour être heureux? Calme des passions, indépendance, travail. Eh bien! tout cela, tu l'as ici, tu ne l'auras pas là-bas. Tu l'as ici, tu l'as du moins à ta portée, toi à qui ton vieux père a laissé, en mourant, une chaumière, un champ, des mœurs simples.

Des pastorales, dis-tu? Non, mais écoute: On te flatte des plus belles espérances, mais ce ne sont que des espérances. Elles peuvent ne pas se réaliser. Et si, au bout de la route, tu ne saisis que le malheur, tes enfants, tes pauvres enfants, que deviendront-ils? Et, dans tous les cas, n'est-ce rien que de les forcer violemment à préférer la corruption et les ennuis des villes aux plaisirs purs et aux innocentes joies qu'ils goûtent à la campagne? N'est-ce rien que de les priver violemment de cet air natal loin duquel tout dépérit, que de leur ravir cette tranquillité, ce calme heureux dont tes aïeux ont joui, dont tu as joui toi-même, et qui t'avait été légué comme le plus précieux héritage ?

« Vous avez beau dire, réponds-tu, je n'en vois pas moins que tous mes pareils qui habitent la ville sont bien mieux que moi. Ils sont plus respectés d'abord, et c'est quelque chose que le respect. Ils mènent une vie agréable, exempte d'embarras et de soucis. Ils placent avantageusement leurs enfants, et quand ils viennent nous voir, ils se moquent de nous. L'un dit : « Mon fils est dans un magasin, il fait son chemin. » Un autre dit : « Mon fils est dans un bureau, il avancera vite. » Un autre encore : « Mon fils est contre-maître dans une usine, il deviendra un habile industriel. » Et tous, et tous, en se félicitant d'avoir quitté la vie misérable qu'ils traînaient ici, découvrent à nos yeux éblouis les plus magnifiques horizons. Or, il n'y a pas de feu sans fumée, et il doit y avoir du vrai là-dedans. »

Du vrai ! Et pourquoi donc veux-tu qu'ils te le disent, le vrai ? Est-ce qu'ils doivent mettre leur gloire à venir te déclarer qu'ils ont fait une sottise ? Je te montrerai bientôt ce qu'il en est. Mais, en attendant, je te répéterai ce que j'ai déjà dit : Ah ! mon ami, si tu connaissais la ville comme je la connais, tu ne parlerais pas comme tu parles, et tu ne formerais pas les projets que tu formes. Mais à quoi penses-tu donc de vouloir ainsi renoncer de gaîté de cœur aux joies et au bonheur que tu goûtes à la campagne ? Ah ! frère, je t'en supplie, au nom de tes plus chers intérêts, je t'en supplie, ne sacrifie pas tes joies, ne fais pas ton malheur, écoute les conseils de la sagesse, suis la voie de l'expérience. En restant au village, en ne te privant pas de cet air natal et de ce toit paternel, en t'entretenant dans le travail et les goûts simples, en te délectant dans l'amour de Dieu et la paix du cœur, tu éprouveras tout le bonheur que l'homme peut goûter ici-bas. Mais si tu abandonnes tout cela pour de vaines chimères, tremble ! tremble que Dieu, dans sa colère, ne te fasse vider jusqu'à la lie la coupe du malheur !

Ah ! qu'il n'en soit pas ainsi ! Eternue ton rêve, ami, et envoie promener ta folie. Les boutiques, les ateliers, les usines, les magasins, les bureaux, brrrrm ! que tout cela ! Tout cela est étroit, tout cela est obscur et malsain, tout cela est triste jusqu'à la mort en comparaison de l'immensité de ces plaines où tu es associé par ton travail à l'œuvre de la fécondité de la terre, et où le bon Dieu se manifeste à chaque instant à tes regards dans les splendeurs de la création.

VI

Mais ce qui rend tout à fait désolante la plaie
morale que nous combattons, c'est que, lors
même qu'il reste à l'homme des champs assez
de bon sens pour ne vouloir pas, pour lui-
même, de cette vie des villes où tout cependant, à l'entendre, n'est que rose, il y précipite
ses enfants. Ah ! c'est ici surtout que l'aveu-
glement du laboureur devient véritablement
inconcevable ! Il l'est d'autant plus que ce sont
précisément ceux qui ont reçu une certaine
éducation qui sont les premiers à donner cet
exemple funeste. Ils possèdent quelques lopins
de terre qui les font vivre à l'aise, et ils en
sacrifient la meilleure partie, et ils se condam-

nent aux plus rudes privations, le tout afin de satisfaire le stérile orgueil de posséder dans la famille un *monsieur*. En vain les autres enfants réclament. Les parents aveugles, n'en ont cure, et ils aiment mieux voir s'introduire dans leur famille la division, la révolte et des haines implacables, plutôt que de renoncer à leur folle ambition.

Ainsi, les parents poussent eux-mêmes leurs enfants dans l'abîme. Et que de fois, mon Dieu ! n'ai-je pas été péniblement affecté, en entendant un père, une mère, me dire : « Nous avons plusieurs fils, et nous avons plusieurs filles. Les aînés resteront avec nous, car ils sont forts et robustes. Mais pour notre petit bezot et notre mignonnette, ils sont trop gentils, trop doux, trop faibles, pour les astreindre aux rudes travaux des champs. Voyez comme ils ont l'air sérieux, ils réfléchissent toujours, ils étudient sans cesse. Nous les enverrons donc à la ville pour qu'ils y deviennent savants et s'y créent un brillant avenir. »

Et les pauvres ignorants, qui ne savent ce qu'ils font, rêvent déjà pour leurs enfants chéris tout un horizon enchanté. Quelque maître pédant leur a vanté la perspective, et ils se disent, et ils se répètent tout joyeux: « Oui, nos enfants seront heureux! Car, voyez-vous, dans les villes, on avance, on avance, à n'en plus finir. Il n'y a que la mort qui puisse vous arrêter dans le chemin qui se fait véritablement comme en carosse. Et encore, en quittant ce monde, on laisse à ses héritiers une existence honorable et un nom connu. » Ils n'oublient qu'une chose, les pauvres gens, c'est que, partout, leurs enfants trouveront, pour leur barrer le passage, cent solliciteurs, plus recommandables à tous les titres, et qui, par conséquent, toujours devront passer avant. Et ceci se renouvelant à chaque tentative de début, il en résultera tout naturellement, au bout de quelques années, qu'en voulant faire de leur fils un *monsieur*, une *demoiselle* de leur fille, ils n'auront fait de celle-ci qu'une coquette sans nom, et de celui-là, un malheureux que sa position condamnera à l'affreux supplice de Tantale. Heureux encore, cultivateurs, heureux si l'un et l'autre ne glissent point sur la route dangereuse et bordée de précipices où votre imprudence les aura lancés!

Ah! si du moins ceux qui agissent ainsi tenaient en la moindre chose aux états qu'ils rêvent pour le privilégié de la maison, leur folie se comprendrait et je n'hésiterais pas même à y reconnaître parfois une sage prévoyance. Ils pourraient, en effet, le plus souvent, transmettre alors 'au petit prodige les avantages dont ils jouiraient eux-mêmes. Dans tous les cas, leurs connaissances, leurs amis, leurs protecteurs seraient les siens, et la chose irait de soi. Mais le cultivateur n'est rien de tout ce qu'il veut que son fils soit à la ville. Il faut donc qu'il jette son enfant au milieu d'étrangers qui n'auront et ne sauraient avoir pour lui qu'une compassion stérile. Il pourra bien lui obtenir par-ci par-là quelques promesses. Mais de promesses, le vent en crève! Celui qui les lui fera, d'ailleurs, en aura mille autres du même genre à tenir. Comment voulez-vous donc, et même en lui supposant toute la bonne volonté possible, comment voulez-vous qu'il les réalise? Sur mille, un réussira, peut-être, et ce ne sera pas le vôtre, cultivateur. Les hommes influents ont des solliciteurs bien autrement puissants à ménager. Ce sont des parents, des amis, des collègues, voire même leurs propres protecteurs, qui leur demandent précisément pour leurs fils ce que vous demandez pour le vôtre. Vous êtes inscrits tout au bas de la dernière page du calepin, et, soyez-en sûr, le coq de plomb de votre clocher chantera avant que les rêves dorés que vous faites là-dessus se changent en réalité.

Oui, mettez-vous bien dans la tête que tous les personnages haut placés sont encombrés de solliciteurs auprès desquels vous n'êtes rien. Leurs antichambres en sont pleines. Ils ne peuvent pas même contenter la centième partie de ceux qui, cependant, par leur position dans le monde, commandent le plus l'attention. Assistez au lever d'un de ces hommes puissants, et, par la triste figure que vous ferez au milieu de tous les brillants solliciteurs que vous trouverez là, jugez du sort réservé à votre requête. Le cultivateur est toujours celui qui passe le dernier. Son tour arrive-t-il enfin? Sa rude enveloppe, la gêne de ses manières, sa difficulté à s'exprimer, rien ne parle en sa faveur, et il n'est pas même jusqu'à son caractère franc et loyal qui souvent ne tourne contre lui. On lui fait — car la politesse du beau monde le veut ainsi — on lui fait une promesse banale, on s'occupera de lui, on prendra sa demande en considération, et tout en disant cela, on le conduit doucement à là porte comme pour lui dire : « Vous m'ennuyez, allez-vous-en. » Il n'a pas dépassé le seuil que l'on accorde la chose à un brillant monsieur, avec lequel on cause longtemps, bien longtemps et dans la plus douce intimité. Quant au *rustaud* de paysan, il est oublié, et si bien oublié qu'on ne se souvient pas même de l'avoir vu. En voulez-vous la preuve? Retournez au bout de quinze jours chez votre *protecteur*, et, si vous n'en êtes parfaitement connu d'ailleurs, vous verrez comme tout d'abord vous aurez à répondre à cette question : « Qui êtes-vous? » ou bien : « Que désirez-vous? » Alors votre franchise indignée se révoltera, vous blasphémerez en vous-même contre ces faiseurs de promesses, et vous maudirez cent fois le métier de galérien que vous faites-là. Mais l'homme influent aura raison de ne pas s'occuper de vous. Nul ne le condamnera, car il existe chez tous les hommes éclairés de notre époque un sentiment profond

de la grande et lourde faute que commet le
cultivateur , lorsqu'il arrache ses enfants au
bonheur paisible de la campagne, pour les
jeter, au plus bel âge de la vie, sans expérience
et sans guide, au milieu de tous les délirants
tourbillons d'un monde avide, égoïste et perdu.

Ah ! oui, cela serre le cœur de voir de pauvres jeunes gens, à cet âge, faire ainsi tout
seuls leur premier pas dans la vie. Mon Dieu !
protégez la faiblesse, l'ignorance et l'illusion
qui vont pénétrer sans défiance au milieu d'un
monde sans pitié ! le péril est déjà si grand
pour ceux que la sagesse et l'affection protégent !
la vie est déjà si laborieuse pour ceux qui
échappent au péril ! tant d'amertume va suc-
céder à ces premiers enchantements ! et il ne
faut qu'un instant, qu'un mensonge, pour amener le danger, pour accroître démesurément
les travaux et les tristesses, pour dissiper à
jamais tous les rêves heureux, pour perdre une
vie entière !

J'ai lu des livres où l'on traite de barbares,
avec une indignation non feinte, ceux qui dé-
gradent un monument, ceux qui mutilent ou
seulement violent une œuvre d'art ; et les gens

qui font ces livres n'ont pas honte d'en écrire
d'autres où ils enseignent à dégrader les âmes.
Ils remplissent le monde des cris que leur arra-
chent un pot cassé, une gargouille abattue,
un clocheton mal refait; mais ces amis du
beau, ces conservateurs de l'intégrité des choses
trouvent que ce n'est rien de souiller une âme
ou de détruire une vertu. Que dis-je? non, ils
ne trouvent pas que ce soit rien : ils estiment,
au contraire, que c'est beau, et quand ils l'ont
fait, ils s'en glorifient.

VII

Il n'est pas un homme de bon sens, sachant vivre et connaissant le monde, qui, en lisant ce qui précède, ne dise : « Voilà la vérité. » Et cependant cette pauvre vérité est méconnue, elle est délaissée, on n'en tient aucun compte dans la pratique. C'est en vain que des exemples terribles frappent partout et sans cesse les yeux du villageois. Il n'en continuera pas moins à précipiter ses enfants dans le gouffre. Ah ! quelle épouvantable responsabilité assument sur leur tête les malheureux qui agissent ainsi ! Que répondront-ils au Très-Haut, à ce juge irrité, qui, dans tout l'appareil de sa puissance, leur demandera un jour : « Qu'as-tu fait de ton enfant ? » Mais écartons la question morale, ne considérons la chose qu'au point de vue matériel.

Or, que devient le jeune villageois dont les parents ont voulu faire un monsieur? Après avoir absorbé en frais de collége un capital qui, bien employé, eût suffi pour assurer le bien-être de la famille entière, après avoir changé en détresse l'abondance de la maison paternelle et condamné pour le reste de leurs jours ses vieux parents aux plus rudes privations, après avoir mécontenté, irrité, désespéré ses frères et sœurs qui voyaient ainsi jeter dans le sein de la vanité tout leur modeste avoir, et s'en être fait, peut-être, des ennemis irréconciliables; débouté de toutes ses folles visées, il végète pendant quelque temps, ne sachant à quoi se mettre, puis enfin il prend, comme tant d'autres, et de plus grands seigneurs que lui, un parti désespéré, il entre dans un bureau quelconque aux mirobolants appointements de *quinze francs* par mois! heureux encore s'il peut les obtenir! le plus souvent on ne lui parle de rien de pareil. Il faut se former à la besogne, lui dit-on, et Dieu sait combien ce temps de *formation* dure ! On passe deux ans, trois ans, quatre ans même sans toucher **un** centime. Puis on gagne deux ou trois cents francs par an, puis quatre cents francs, puis enfin six ou huit cents francs. Mais arrivé là, halte ! (*) Et remarquez bien qu'il faut, pour gravir ces étages, être un piocheur, un vrai piocheur, et posséder, d'ailleurs, une intelligence apte et subtile à la chose. Ce résultat est facile à comprendre. Supposez que, dans chaque village, il y ait dix fois plus d'ouvriers de ferme qu'il n'en faut ? Cet encombrement n'aura-t-il point pour effet inévitable d'y faire descendre le prix de la main-d'œuvre à un taux insignifiant, dérisoire ? Eh bien ! appliquez le même raisonnement aux villes par rapport aux hommes de plume, car là, littéralement, des hommes de plume, il en pleut.

Et si, croyant mieux faire, vous vous tournez du côté des magasins, du commerce et de l'industrie, l'avenir ne sera pas moins serré.

(*) Un bon premier clerc de notaire ou d'avoué, qui toujours est un homme très-capable, obtient ordinairement mille à douze cents francs. Mais il n'y en a qu'un par étude.

Une foule de jeunes gens riches sont là, qui d'eux-mêmes s'offrent à faire la besogne pour rien ou à peu près tout autant de temps que l'on voudra, parce que leur unique but est de se former afin de s'établir eux-mêmes. Aussi que gagne généralement un bon commis de magasin? six ou huit cents francs, pas davantage. Un excellent caissier, un bon teneur de livres gagnera mille ou douze cents francs. Un voyageur, fertile en affaires, aura quinze cents francs. Mais combien de temps leur a-t-il fallu pour se former? combien de temps ont-ils passé sans pouvoir dire : « Voilà un sou que j'ai gagné. » Et puis ceux-là sont la troupe heureuse, la grandissime exception. Il n'y a qu'un caissier, qu'un teneur de livres, qu'un voyageur dans la généralité des maisons de commerce. En tous cas, si votre fils parvient à ce poste, ce sera son bâton de maréchal, et m'est avis que ce n'était pas la peine de tant se déranger pour en arriver là. Car si vous comptiez bien tout ce qu'il vous aura coûté jusqu'à ce qu'il soit parvenu à un aussi haut degré de splendeur, si vous aviez là tout ce capital grossi de tous les intérêts comme de toutes les pertes qui en sont résultées pour votre ferme, vous pourriez lui assurer une rente capable de le faire vivre, à rien faire, infiniment mieux que les appointements qu'il ne se procure qu'avec un mal d'enfer pendant toute une année. Car la vie de voyageur est la plus triste de toutes les vies. Jamais chez soi, toujours au milieu d'é-trangers qui vous traitent comme des importuns, des fâcheux, des gens enfin avec qui jamais il ne faut pas se gêner pour dire : « Monsieur n'y est pas ! » Et les hommes de bureau, qu'est-ce qu'un homme de bureau? Un porte-plume animé, un arithméticien à cylindre, un malheureux esclave assis huit ou dix heures par jour sur une chaise de paille, se ruinant la santé sur un tas d'indéchiffrables paperasses et y perdant la vue avant l'âge. Oh! qu'il y en a qui se mordent les doigts d'avoir fait fausse route et de n'être pas restés laboureurs comme leur père !

Mais ce n'est pas tout. En montant en apparence d'un degré l'échelle sociale, ils ont dû nécessairement contracter des habitudes et des goûts de dépenses et de luxe. Seront-ils en état de les satisfaire? Si oui, et avec les écus pater-

nels, bien entendu, ils auront bientôt tout absorbé, soyez-en sûr. Si non, ce qui est le plus
probable, ces goûts et ces habitudes feront
donc le désespoir de toute leur vie, car, à la
ville, là gît le bonheur. Leur position, d'ailleurs, leur fait une nécessité de la toilette. Il
faut qu'ils soient dans ce qu'on appelle une *te-
nue présentable*. Mais ne faut-il pas aussi, avec
leurs misérables appointements, qu'ils nourris-
sent et entretiennent femmes et enfants, ou
qu'ils paient chambre et pension? et Dieu sait
ce qu'il en coûte pour se loger et vivre en
ville ! N'importe, que le ventre crie ou ne crie
pas, il faut un bel habit sur la semaine et il en
faut un mirobolant le dimanche. Car il ne sera
pas dit que le clerc et le commis de MM. tel et
tel seront écrasés par la toilette de tout ce
monde riche, frétillant et brillant. Hélas ! et
c'est en vain pourtant que l'on tient tant à faire
honneur à son patron. Le patron ne tient pas à
vous. Au premier caprice venu, il vous met à
la porte. Voilà donc notre fashionable affamé
sans place. Quand en retrouvera-t-il une? Allez
voir !

Ah ! combien ne voit-on pas dans les villes

de ces échappés des campagnes dont les beaux
habits ne sont que les plumes du paon collées
sur un corps dévoré par la misère! Quand on
ne les connait pas, quand on ignore les privations et la détresse de leur intérieur, on peut
les appeler *monsieur* gros comme le bras, mais
ce titre qui flatte la vanité ne fait certainement
pas bouillir la marmite. Ce qu'ils gagnent est
absorbé par des besoins factices. Donc le nécessaire leur manque toujours. Mais ils n'en feront
pas moins étalage d'un cure-dents, alors même
qu'ils n'auront pas dîné; parce que l'orgueil ne
meurt pas. Au contraire, s'ils eussent eu, ou
plutôt si leurs parents eussent eu le bon esprit
de les laisser à la campagne, avec de l'ordre, du
courage et de l'économie, tout aurait tourné
au contentement de leur cœur et à la joie de
leur famille. Et puis, comme nous le disions
tout à l'heure, quelle que soit la place que l'on
occupe, aujourd'hui pour demain ou peut la
perdre. Que deviendra alors le malheureux
Tantale, retenu par son orgueil et rongé par le
besoin? Car Dieu sait, au milieu de cette pluie
continuelle de postulants, Dieu sait ce qu'il faut
de temps pour retrouver une place, quand une

fois on a perdu la sienne! Le cultivateur, lui, n'a rien à craindre de tout cela. Sa position est sûre, la terre ne le renversa pas; elle le réclame sans cesse, au contraire, et, sans lui, elle languit, dépérit et devient stérile. Il n'a pas de tribut à payer au luxe et à la vanité. Le nécessaire avant tout, dit-il, et il est bien reçu partout avec une blouse et une culotte propres. Ainsi il l'emporte par le réel bien-être sur n'importe lequel de ses brillants rivaux de la ville. Il mène dans son intérieur une bonne et franche vie, et, au dehors, il est, par-dessus le marché, indépendant et libre. C'est quelque chose cela. Sans doute, il rentre le soir, fatigué, un peu rompu, comme il dit. Mais rien ne le tourmente intérieurement. Il se délasse dans les joyeuses caresses de ses enfants, il les fait danser sur ses genoux et il leur chante sa chanson. Ses forces se réparent pour le lendemain au moyen d'une nourriture saine et abondante, préparée par les soins de son heureuse et vigilante compagne. Puis il va se coucher et s'endort, sans qu'on le berce, de ce sommeil qui dit: « Voilà le bonheur! »

VIII

Si maintenant nous remontons à cette classe
d'hommes qui connaît les bienfaits de la civilisation, pour qui la question est non pas de
vivre seulement, mais de vivre avec aisance et
d'assurer la même somme de bien-être à ses
enfants, la comparaison ne sera pas davantage en
faveur de la ville.

Vous qui possédez à la campagne un modeste
héritage exploité par vous-même et qui ne vous
laisse pas sentir le besoin, peut-être il vous est
arrivé d'envier la vie plus molle du citadin.
Vous le voulez? Eh bien ! venez apprendre à vos
dépens où est le bonheur. Affermez l'héritage
paternel, recueillez tout votre avoir, venez vivre

à la ville, ce lieu de repos et de délices que vous avez rêvé. Vous voilà petit rentier, muré dans l'existence la plus étroite, vous imposant force privations pour vous soumettre à la tyrannie du décorum. Vous voilà sacrifiant au luxe, parce que vos voisins en font autant, en habit de gala toute la semaine, n'osant presque vous remuer dans une maison peinte, tapissée, cirée, meublée au goût le plus moderne; et quand vous avez payé tous ces colifichets, toute cette coquetterie du dehors, il vous reste tout juste de quoi mener une vie chétive dans votre cage dorée. Croyez-moi, retournez vite aux champs, reprenez-là vos habitudes aisées et larges, sans attendre qu'ici le luxe vous ruine ou l'ennemi vous tue.

Mais il s'agit de votre fils. Vous voulez assurer à ce fils chéri un brillant avenir. Vous voulez qu'il soit médecin ou homme de loi, qu'il jouisse des honneurs de la magistrature ou de l'éclat du barreau, des douceurs de la finance, de l'enregistrement ou des hypothèques. C'est une noble ambition, et pourtant je crois qu'il y aurait quelque chose de mieux à faire. Mais non, vous le voulez. Eh bien ! envoyez votre fils à la grande ville, envoyez-le à Paris. Là, ce jeune homme est livré à lui-même. N'importe, vous avez confiance en lui. N'est-il pas l'espoir de la famille, et n'est-ce pas lui qui doit relever à tous les yeux l'arbre généalogique? Le voilà donc à Paris faisant ses cours ou du moins les suivant. Chaque année il vient au hameau, parle beaucoup, endort facilement son père qui ne voit que par ses yeux et auquel, un beau jour enfin, il annonce qu'il est reçu bachelier. Souvent, hélas! il n'en est rien; il a mangé en parties dites fines les sommes qu'on lui a envoyées à cet effet. Le voilà donc bachelier vrai ou supposé tel. Alors la famille tient conseil et décide, dans sa sagesse, qu'il faut le renvoyer à Paris, pour qu'il y suive son droit ou sa médecine. Ah! c'est alors surtout qu'il s'agit de faire sauter les écus, c'est alors qu'apparait dans toute sa plénitude le *règne de l'or!* Cependant les années s'écoulent, et notre étudiant que devient-il? étudiant. Il l'a été de sixième année, il l'est aujourd'hui de dixième année, et il n'en est pas plus avancé. Il n'est parvenu à rien, il est usé moralement et physiquement, et il a absorbé à lui seul des sommes qui auraient suffi pour assurer le sort de toute la famille. Alors que faire? Il revient sous le toit paternel, incapable d'aucun travail, imposer aux siens une charge nouvelle, car, habitué à absorber, il absorbera toujours et ne produira jamais rien.

Mais, dites-vous, tous les jeunes gens n'agissent pas ainsi. C'est l'histoire d'un mauvais sujet que vous nous contez là. Mon fils a de la vocation, de la résolution, du courage, et il ne fera pas de même, il répond de lui et moi aussi ! Soit ; et qui vous dit que l'autre n'avait pas aussi du courage et de la résolution, qui vous dit qu'il n'avait pas autant et plus peut-être envie de bien faire que votre fils? Vous ne savez donc pas ce que c'est qu'un jeune homme abandonné à lui-même au milieu de toutes les séductions des villes? Mais je l'admets, votre fils sera sage, il évitera tous les dangers, il écartera tous les périls, et il n'aura qu'un mobile, qu'une pensée, qu'un but, toujours fixe : parvenir !

Le voilà donc piochant et travaillant, bravant tous les dégoûts, s'imposant force privations, maîtrisant tous ses désirs, commandant à toutes ses passions, oubliant même qu'il est *jeune* pour ne s'occuper que de la vie positive de l'homme

sérieux. Cette vie, à l'âge où tous les doux épan-
chements de l'âme sont un besoin, ne me paraît
pas déjà très-enviable. Mais enfin arrive le triom-
phe, arrive le grand jour. Le voilà dans tout
l'éclat d'une robe neuve d'avocat. Avocat! que
ce mot résonne bien à des oreilles de vingt ans!
que d'avenir dans ce mot-là ! Depuis deux siècles,
il n'est quasi pas de grands hommes, sauf ceux
qui, à défaut d'une robe, avaient une bonne
épée, qui n'aient été avocats. A ses yeux et aux
vôtres, le barreau, c'est un Panthéon tout en-
tier. Mais, demi-dieu en espérance, que votre
fils commence toujours par grossoyer des écri-
tures pour maint avoué qui s'occupe de toute
autre chose que de gloire. Oui, jeune homme,
oui, mon ami, armez-vous de résignation et de
patience, soupirez longtemps après le premier
dossier qu'une longue et habile diplomatie fera
remettre entre vos mains, et puis... Mais, tenez,
je n'ai pas le courage de vous suivre à travers
tous les ennuis et tous les dégoûts de la basoche.
Je vous accorde du talent. Ce n'est pas assez.
Il faut de la santé, du métier, beaucoup de
savoir faire, des circonstances favorables, et
avec tout cela il peut fort bien se faire que vous

arriviez à vingt-cinq ou trente ans sans clientèle, vivant, dans le sens moral du mot, de
quelques succès gratis en cour d'assises, et
mangeant du reste votre fonds avec votre re-
venu, pour *soutenir votre rang*, comme on dit
à la ville. Si vous n'êtes fort riche de patience,
vous vous lasserez d'un si long apprentissage,
et alors, dans votre découragement, disant adieu
à la gloire, déchu de vos hautes pensées d'avenir, mais de plus en plus convaincu qu'il faut
à un homme un état qui le fasse vivre, vous
finirez humblement comme finit la foule, vous
demanderez une place!... Pauvre jeune homme!
vous voyez-vous à vingt-huit ou trente ans can-
didat pour une place de substitut, aux appointements de douze cents francs, dans une bour-
gade de deux à trois mille âmes, décorée du
titre de chef-lieu d'arrondissement? Mais cette
place, prenez-y garde, vous ne la tenez pas :
je suppose qu'à force d'intrépidité et d'adresse
vous ayez passé sur le corps à trente ou qua-
rante aspirants qui *aspirent* en vain depuis
longues années, voici qu'il faut lutter maintenant contre cinq ou six rudes joûteurs, farcis
de recommandations de tous genres, flanqués

de huit députés au moins et d'à peu près pareil nombre de sénateurs. Courage ! faites assaut de souplesse et de tactique d'antichambre ! Courage ! traînez-vous à plat-ventre, déchirez-vous la peau des mains à force de gratter aux portes, écorchez-vous la langue à lécher des semelles de bottes ! Courage ! soyez comme les sauvages en adoration devant les fétiches ! comme les Indiens, implorez les pagodes ! et si le vent et les étoiles de cour vous favorisent, si surtout vous êtes assez heureux pour vous accrocher à la robe de quelque magistrat courtisan, il n'est pas impossible qu'après une chaude campagne de cinq ou six mois, vous n'emportiez la place. Maintenant, pour peu que vous recommenciez ce métier-là quatre ou cinq fois, de deux ans en deux ans, je ne désespère pas de vous voir, approchant la quarantaine, muni définitivement d'une place assez honnêtement rétribuée pour qu'il vous soit permis de prendre femme, d'avoir une famille, et de joindre, vaille que vaille, les deux bouts.

Et remarquez bien que tout ce que nous venons de dire du barreau s'applique de point en point à toutes les carrières dites libérales.

Le médecin comme l'avocat a besoin de se faire une clientèle, et, comme l'avocat, peut très-bien n'en jamais avoir. Et quant aux autres carrières, elles rentrent, comme la magistrature, dans le domaine des places, où, grâce à l'encombrement qui y règne, on peut passer de longues années surnuméraire et fort bien vivre et mourir toujours surnuméraire.

O mes amis, à ce tableau, qui n'est que trop fidèle, vous branlez la tête, et, malgré vous, vous vous dites que bien fou est celui qui quitte sa charrue pour s'en aller traîner à la ville un joug si misérable.—Oh! vous avez raison. Mais que cette pensée salutaire ne s'évanouisse point avec les réflexions qui l'ont fait naître. Et pour vous y confirmer, voyez ce que le malheureux jeune homme, que nous venons de suivre dans toutes les péripéties de sa carrière, aurait pu être, sans peine et sans bassesse, si, au lieu d'abandonner le village, il lui fût demeuré fidèle.

Supposons donc que ce jeune homme n'eût point vu de honte à être un propriétaire cultivateur, comme l'étaient et le sont d'ailleurs de plus grands seigneurs que lui. Il commence par aller se former dans une bonne école d'agriculture. Rentré au village, il s'arrange une maisonnette propre et riante. Il a des troupeaux, un excellent bétail, et il récolte ses foins, ses fruits, ses moissons. Il prend plaisir à améliorer chaque année son héritage, non pas en songeant à créer quelque ferme-modèle, mais en cherchant modestement si, dans l'inventaire du nombre infini de savants agronomes qui se ruinent, il n'y a pas à prendre quelque bon procédé confirmé par la pratique. Il se garde bien d'avoir de l'esprit. Mais content de son lot, avec du bon sens et de l'observation, il prospère. A vingt-cinq ans, l'habitude du travail, de la réflexion, de la gestion d'intérêts sérieux a fait de lui un homme. Placé à la tête d'une petite fortune modeste, mais indépendante, il se marie, et un établissement avantageux double ses ressources et son bien-être. Déjà, pour le confortable de la vie, pour son absolue liberté de penser et d'agir, il n'a rien à envier aux plus hautes positions sociales. Ses perspectives sont riantes. Le travail et l'ordre le feront riche un jour. Sans compter que celui qui sait faire fructifier la terre, tient dans sa main l'instrument essentiel des industries les plus profitables.

IX

Ma foi, dites-vous, vos raisons m'ont convaincu. Non, de toutes les carrières que j'avais
en vue pour mon fils, aucune désormais ne me
tente. Il ne sera donc ni avocat, ni médecin.
Les honneurs de la magistrature ne me font
plus envie, et, quant à l'enregistrement et aux
hypothèques, j'en laisse l'assaut au fils de l'huis-
sier, mon voisin. Mais vous venez de prononcer
un grand mot : l'industrie!... Je veux que mon
fils soit heureux, qu'il ait un sort brillant. Pour
cela, il faut qu'il double, qu'il triple, qu'il qua-
druple le capital que je puis lui donner. Mais
il le faut promptement, car mon désir pour son
bonheur est vif, et je n'ai guère de patience. Or,

l'agriculture, quoi que vous en disiez, n'a que des gains minimes à donner, et ces gains sont très-lents. Donc, l'agriculture, pour mon fils, n'est pas mon fait. Je le fais industriel.

A cela je réponds : C'est vrai, j'ai parlé de l'industrie. Mais j'ai entendu l'industrie appliquée à l'agriculture, l'industrie qui s'exerce sur les produits de la terre, et tout en cultivant la terre. Quant à l'industrie qui n'a pour foyer que les villes, et pour mobiles que les besoins factices et les vanités des villes, je suis loin de la considérer comme une carrière avantageuse pour votre fils. Sans doute elle est susceptible de produire plus rapidement que l'agriculture ces gros intérêts, ces éblouissants bénéfices, après lesquels vous soupirez. Mais avec l'agriculture, tout est sûr. Au contraire, on risque sa fortune dans l'industrie. Et cela doit être. Où il y a de grandes chances de bénéfices rapides, il doit aussi exister de grandes causes de perte et de ruine.

En industrie, le terrain est brûlant, il faut gagner vite, amortir son capital promptement, parce qu'il perd énormément, parce qu'il peut devenir à rien, parce qu'une nouvelle invention, une circonstance en apparence peu importante, peut changer un commerce. Prenons la première chose venue. Celui qui aurait basé toute son industrie sur la préparation des plumes d'oies eût évidemment été ruiné par l'invasion des plumes de fer. Le fabricant qui ne compterait que sur la fabrication des cercles d'acier pour robes, pourrait bien se trouver embarrassé de son approvisionnement et de ses machines, si la mode vient, ce qui est fort probable, donner à ces vêtements les proportions de foureaux de parapluie. Et où en serait-on avec les machines à vapeur, qui représentent un énorme capital, si un moteur plus simple et moins dispendieux, ce qui pourrait encore bien arriver, venait à faire irruption dans l'industrie? Les maîtres de poste n'ont-ils pas vu leur industrie, leur propriété ruinée par les chemins de fer? Et cent autres exemples qui tous à l'envi prouvent que l'industrie est, de toutes les carrières, la plus chanceuse.

Ajoutez que le capital industriel est loin de toujours représenter une valeur bien réelle. Ce qui a coûté 100 fr. il y a quelques années, en vaut-il maintenant 50? C'est possible, mais le plus souvent la diminution est énorme, et l'on ne peut estimer ce capital à une valeur réelle, il faut lui donner la valeur d'usage. En effet, une machine, un outil, un métier arrêté, ne valent que la matière qui a servi à les construire. Et le jour où ils cessent de marcher, c'est la mort, et il est bien difficile de ranimer ces corps dont l'âme s'en est allée.

Comparons maintenant le capital agricole. De quoi se compose-t-il? Principalement de bétail, de grains, de récoltes de toute nature, et, pour une très-faible partie, de matériel, tel que les instruments. Or, le jour où l'agriculteur voudrait vendre son *fonds de magasin*, ses vaches, à moins qu'elles n'aient été mal soignées ou mal nourries, donneraient une valeur égale à ce qu'elles auraient coûté, souvent plus. Il en serait de même des bœufs, des porcs, des moutons. Le froment, l'orge, l'avoine, le colza se vendent facilement et presque toujours au comptant. Les foins, les racines même aisément aussi trouveraient des acheteurs. Il n'y aurait donc que sur les instruments, charrues, tombereaux, etc., qu'il pourrait y avoir perte. Mais, je le répète, cette partie du capital est la moins im-

portante, et encore, bien souvent elle se vend
au-dessus de sa valeur réelle. Car tous les cultivateurs ont besoin de charrettes, de charrues,
de herses, etc., tandis que le matériel industriel trouve difficilement sa place. De ce côté
même encore, il y a donc supériorité.

Ainsi le jour où l'agriculteur le voudra, il
peut réaliser, à très-peu près, toute sa fortune.
Son capital est donc fort solide et bien réel.

J'entends que l'on objecte : — S'il en est
ainsi, d'où vient donc alors qu'on ne confierait
pas à l'agriculture les plus petites sommes? D'où
vient que la devise des capitaux est : *Tout pour
l'industrie?* D'où vient, en un mot, cette fièvre
industrielle qui nous travaille?

Mais vous l'avez dit vous-même. C'est que les
entreprises industrielles sont séduisantes; c'est
qu'avec elles on vit plus vite que dans un métier plus lent, comme l'agriculture; c'est qu'avec
elles on peut se passer plus facilement des fan-
taisies, même coûteuses.

On peut, en deux mois, faire une machine à
filer du coton, filer quelques milliers de kilo-
grammes, les vendre et en toucher immédiate-
ment le bénéfice. Mais on peut aussi monter

5

une manufacture de trois ou quatre cent mille francs, et se ruiner en deux ans. On peut mettre pour cent mille francs de marchandises en mer, et n'en pas revoir cent sous.

Il n'en est pas de même en agriculture. Les bénéfices sont lents, mais, encore une fois, ils sont assurés. Il faut près de trois cent soixante-cinq jours pour obtenir une récolte entière, mais on a cette récolte. Une vache ne donne qu'un veau par année, mais on a ce veau. Un champ de froment, de betteraves met à peu près autant de temps à se transformer en argent, mais on a cet argent. C'est une question de persévérance, voilà tout.

Et pourtant, objecte-t-on encore, — car rien n'est tenace comme une objection, — nous connaissons maints industriels qui ont fait d'immenses fortunes. Oui, et ceux-là naturellement se comptent, se citent. Mais savez-vous bien le nombre de ceux qui sont restés en chemin ? Non, car si l'on cite les soldats qui reviennent avec la croix, l'on ne voit pas ceux qui sont restés sur le champ de bataille. L'industrie, le commerce sont un véritable combat. L'agriculture est plus lente dans ses allures, on n'y fait pas aussi vite fortune qu'en industrie, mais on a un capital et des bénéfices assurés. Or, qui va doucement va loin, dit le proverbe, et qui ne tombe pas n'a pas la peine de se relever.

L'agriculture, lorsqu'elle a des capitaux, n'a à redouter qu'une chose : l'ignorance du métier. Que l'on se donne autant de peine pour devenir agriculteurs que l'on s'en donne pour devenir industriels, et l'agriculture, non moins que l'industrie, deviendra une source féconde de richesse individuelle, tout en gardant sur l'industrie cet immense avantage d'offrir à ses champions un avenir certain.

Ajoutons qu'il est bien plus honorable, bien plus méritoire et plus glorieux de faire fructifier la terre sur le grand et magnifique théâtre de la nature, que de faire fonctionner des machines dans des ateliers murés, étroits et malsains.

X

Allons donc, mes amis, rendez-vous. Vous voyez bien qu'en tout j'ai raison. Et que n'auriez-vous pas à vous reprocher si, ayant été éclairés, vos enfants, par votre faute, étaient malheureux? Ainsi, voilà qui est convenu, c'est fini, vous en prenez votre parti. Non-seulement vous restez au village, mais vos fils seront ce que vous êtes : cultivateurs; et vos filles seront ce que sont leurs mères : fermières.

Mais pour compléter l'œuvre, pour l'assurer dans l'avenir, rappelez-vous ceci et ne l'oubliez jamais : S'il ne faut pas vouloir, ni pour vous, ni pour les vôtres, de la vie des villes, il ne faut pas non plus faire donner à vos enfants une éducation qui leur en inspire tous les goûts, toutes les vanités, toutes les puérilités ruineuses. C'est là ce qui ravive sans cesse et entretient le cancer rongeur que nous voulons détruire. Que fait en effet le cultivateur aisé, lors même qu'il veut, lui et sa famille, rester fidèle aux champs? Il envoie son fils au collége, sa fille dans les pensionnats, côte à côte avec le fils et la fille de M. le baron un tel. Et qu'en résulte-t-il? Les plus grands désastres, les plus grands malheurs. Il n'est pas un village un peu important qui n'ait là-dessus son histoire à vous raconter.

Il est presque impossible, en effet, que des enfants de la sorte élevés, s'attachent à la terre, prennent goût aux choses de l'agriculture, deviennent de vrais cultivateurs, et il y a cent à parier contre un que, tôt ou tard, après maintes folies, ils quitteront le village, fuyant la ruine debout sur le seuil de la ferme abandonnée. Voulez-vous donc que vos fils deviennent des laboureurs fidèles, intelligents et qu'ils prospèrent? Faites-leur donner loin de la ville et de ses goûts, une éducation simple, forte, travailleuse, essentiellement agricole.

On va me dire : — Nous partageons votre

avis, mais comment faire? Il existe bien des écoles d'agriculture, mais ces écoles sont rares, tout le monde ne peut pas y aller, et, d'ailleurs, l'instruction qu'on y donne coûte cher, le petit cultivateur ne saurait l'aborder. C'est cependant lui qu'il s'agit surtout d'instruire, si l'on veut que le progrès pénètre les masses, s'applique partout et ne soit plus un vain mot. D'un autre côté, les instituteurs de nos villages sont loin d'être à la hauteur de leur mission. Et s'il est vrai que dans les villes nos enfants ne reçoivent pas une éducation conforme à l'état qui les attend, il n'est pas moins vrai que, dans nos écoles rurales, ils n'apprennent rien de ce qui le concerne. Sur cent instituteurs, il n'en est peut-être pas deux qui soient en état de faire à leurs élèves un cours d'agriculture intelligent et profitable. Et il reste toujours cette énorme différence qu'avec eux l'instruction demeure à l'état le plus infime, tandis que dans les villes nos enfants peuvent acquérir une instruction incomparablement plus développée. Or, dans l'état actuel des choses, où tout le monde pour ainsi dire est savant, il faut bien que nous cherchions à faire instruire nos enfants le plus possible, si nous ne voulons qu'à toute minute ils passent pour des imbéciles.

Cette objection est fondée, je l'avoue, et trop fondée, hélas! Oui, cette question de l'éducation est capitale, et il y a ici à exécuter de grandes réformes. Mais les difficultés sont beaucoup moins fortes qu'on pourrait le croire au premier abord. Une pareille question cependant est trop importante pour que nous puissions la traiter en passant. Nous en ferons l'objet d'un travail spécial que nous publierons prochainement. Pour le moment, nous nous contenterons de dire que le sort des populations agricoles mérite au plus haut degré de fixer l'attention, non-seulement du gouvernement, mais de quiconque sent battre dans sa poitrine un cœur français. Le cultivateur, en effet, est l'homme essentiel à la société. Par lui, tout prospère, sans lui, tout languit et meurt.

Eh! qui, plus que l'homme des champs, travaille pour son pays, paye sa dette à l'humanité? Certes, l'on fait, à bon droit, des nécropoles, des cimetières de nos villes, par les monuments funèbres dont on les remplit. Ce n'est pas nous qui blâmerons jamais ces hommages tardifs rendus à ceux que la mort nous ravit. Loin de nous la pensée d'un tel sacrilége! Mais puisqu'une bonne occasion se présente, qu'on nous permette de le dire avec un sentiment de religieuse piété : Jamais terre sacrée de cimetière ne renferma les restes d'hommes plus vertueux, plus éprouvés, que celle qui entoure avec ses ronces, ses orties, ses hautes herbes, ses noires croix de bois, la vieille église de campagne. De celui dont le corps se désagrége, pour rentrer dans le grand *cosmos*, sous cette tenture ondoyante de verdure, nul ne saura bientôt le nom, et cependant il fut un des plus austère et des plus laborieux pionniers de l'œuvre humaine. Il a servi son pays comme soldat, il l'a servi comme laboureur, et cela sans trève aucune, durant sa vie entière, et son corps n'a trouvé de repos que dans le froid suaire.

Honnéur donc à l'homme des champs! Honneur à celui qui, par son travail manuel, son capital ou son intelligence concourt à la création des produits quels qu'ils soient : l'herbe, le raisin, l'épi, qui se transforment en pain, en vin généreux, en viande succulente, pour devenir

ensuite la molécule de nos membres, de notre
cerveau, de notre cœur ; ou la laine, le lin, la
soie, qui servent à nous parer et à nous vêtir !
Honneur à l'homme du pays ! honneur au
paysan ! Il peut être fier de sa profession, car,
ainsi qu'on l'a dit avec raison, dans notre
France chérie, le travail est et sera toujours le
plus beau titre de noblesse. Et où trouverait-
on un travail et plus noble et plus grand et
plus sublime que celui du laboureur ? C'est avec
Dieu lui-même qu'il travaille. Après le prêtre,
lui seul, en ce monde, est en collaboration directe
avec le Très-Haut ! Et il l'est, non-seulement
pour des productions matérielles, non-seulement
dans le règne végétal, pour la création de nouvelles espèces, pour ce perfectionnement et cette
multiplication de fleurs et de fruits, dus à un art
si ingénieux, mais même pour des créations
vivantes, pour l'amélioration des animaux,
instruments de labourage et nourriciers de
l'homme. Et dans nos riches expositions, on
est charmé de voir ces races remarquables de
bestiaux avec leur forme, avec leur couleur,
avec leur pureté persistante, tandis qu'à côté se
montrent de belles races si améliorées par les

croisements et déjà si renommées par leur
finesse et leur ampleur. On les contemple avec
une admiration parfois ignorante, sans doute,
mais toujours curieuse et toujours satisfaite, et
il n'est pas jusqu'aux humbles habitants emplu-
més et bavards des basses-cours de nos ménagères, qui ne réjouissent le cœur et ne fassent
plaisir à voir. Ah! c'est que, dans tous ces produits, il y a tout à la fois et le don de Dieu, et
le travail de l'homme, et le progrès du bien-
être pour tous.

XI

Après les animaux, avant les *matières* et les *choses*, viennent les machines, qui tiennent en effet le milieu entre l'être vivant et la matière inerte : Ce sont, si je puis le dire ainsi, des choses animées. Eh bien, ici encore l'agriculteur est grand. Il y a deux mille ans, on travaillait avec des esclaves abrutis. Aujourd'hui, l'homme est libre, et c'est la matière que l'on a réduite à l'esclavage. Selon l'expression originale d'un Américain, habitant de cette terre encore souillée et déchirée par l'esclavage, les *esclaves*, voilà les machines avant Jésus-Christ ; le fer, le feu, l'eau, réduits en servitude, les *machines,* voilà les *esclaves,* dix-huit cents ans après Jésus-Christ.

L'agriculture, avec un petit tuyau de drainage, augmente de moitié la valeur de certains terroirs; l'agriculture, avec un peu de chaux, transforme une lande en verte prairie; l'agriculture, avec un peu de vapeur dans un tube de métal, bat, fauche, sème, moissonne, ou met en mouvement le tarare, le concasseur, le hachepaille, etc. L'homme a conçu, l'instrument exécute, la machine obéit.

A côté de ces progrès locaux ou encore à l'essai s'épanouissent, avec leurs généreuses et larges idées, les progrès généraux, l'amélioration des lois, les inventions honnêtes du crédit, l'assainissement des communes, le progrès de la viabilité par les *canaux,* par les *routes,* par les *chemins de fer.* Et puis, pour couronner l'œuvre, l'immense progrès, la grande et magnifique institution par le gouvernement et la fréquente de ses concours, écoles mutuelles des améliorations, appels à l'émulation, à l'industrie nationale, assemblées généreuses où les hommes se saluent, se donnent la main, se félicitent, se récompensent, s'encouragent, et où les humbles viennent fiers de leur année de travail et s'en retournent heureux de leur journée de repos et du prix de leurs efforts.

Tout cela est bien beau, n'est-ce pas? Eh bien, si nous considérons l'agriculteur à un autre point de vue, nous le trouverons plus beau et plus sublime encore. Et c'est ici surtout que l'on sent le besoin de remercier l'agriculture au nom de la société. Sans doute, aujourd'hui comme au temps de Sully, « agriculture et jardinage sont les deux mamelles de l'État ». Mais la société doit à l'agriculture autre chose encore. Elle lui doit, ce qui n'est pas moins nécessaire à un peuple que le pain matériel et la richesse, des mœurs tempérantes, des vertus fortes et viriles, des races robustes. L'ordre, l'économie, l'activité, la prévoyance, la persévérance sont nécessaires aux travaux des champs. Les rudes labeurs de la culture imposent une vie sobre et réglée, endurcissent aux fatigues et trempent les caractères en fortifiant le corps. De tout temps on a remarqué ces vertus de la race agricole : ses mœurs plus pures, comme disait admirablement Virgile, sa patience infatigable aux travaux, sa frugalité modeste, son ferme bon sens et sa loyale équité. C'est pourquoi un auteur ancien, Columelle, qui a beaucoup écrit sur l'agriculture, disait : « La vie des champs est proche sans aucun doute et parente de la sagesse. » Et le vieux Caton disait aussi : « C'est parmi les cultivateurs que naissent les meilleurs citoyens et les meilleurs soldats. »

N'est-ce pas, en effet, dans nos campagnes que se recrute aujourd'hui encore l'élite de notre incomparable armée? Et n'est-ce pas là aussi que se recrute une autre milice, celle de l'Église? Oui, nos campagnes sont aujourd'hui nos plus riches pépinières de prêtres et de soldats. Le soldat, le prêtre, le laboureur, ajoutez-y le magistrat, et vous avez les grands éléments de la vie d'un peuple. Et savez-vous pourquoi le travail des champs est essentiellement moralisateur? Je vous l'ai dit. C'est que cette lutte contre la rude nature, avec ses fatigues et ses périls, a pour nécessaires auxiliaires les plus mâles vertus. Interrogez l'expérience ou la science, l'économie politique ou la bonne routine du village, elles vous disent avec la religion que la terre ne vaut que par l'homme, l'homme ne vaut que par son âme : intelligence, vertu, instruction, piété, du berger au fermier, du laboureur au propriétaire, voilà le premier capital et le fonds indispensable.

Savez-vous pourquoi la France est le premier pays du monde? L'Italie est plus belle, l'Angleterre est plus riche, la Russie est plus vaste ; mais nulle terre ne porte de plus vaillants cœurs et de plus honnêtes gens. C'est la vertu qui fait l'homme ; et de toutes les machines que l'on admire dans nos expositions universelles, il n'y en a pas de plus parfaite pour cultiver la terre et lui faire rapporter de gros revenus que le cœur d'un bon chrétien, laborieux, sobre et plein d'honneur.

L'Angleterre a le charbon, l'Italie a le soleil, la Russie a le blé, le bois, les métaux; la France a l'homme, elle a ses ouvriers incomparables, ses braves paysans, élevés près de leurs mères, à l'ombre de leurs clochers. Les Français sont les premiers ouvriers, les premiers laboureurs, les premiers chrétiens du monde ; et dans Jeanne d'Arc, vous saluez une villageoise, une guerrière, une Française, une chrétienne, patronne et symbole de tout ce que je célèbre ici.

Le poète autrefois félicitait l'antique Italie de produire, par le labourage, les races vigoureuses des Marses et des Sabins, des vieux Latins, qui donnaient à Rome ses forts soldats, ses austères jurisconsultes, ses grands magistrats. Nous aussi nous pouvons féliciter la France agricole, et lui dire avec le poète : « Salut, terre bénie de Dieu ! mère féconde des moissons et des hommes ! »

Un des plus vaillants soldats de la France, le maréchal Bugeaud, avait pris pour devise de notre grande colonie africaine : *Ense et aratro*, l'épée et la charrue ; ajoutez-y, et il ajoutait lui-même : *Cruce et ingenio*, la croix et le génie, et vous avez un grand peuple, vous avez la France, telle que Dieu l'a faite et la veut. Que ces quatre mots demeurent donc éternellement sa devise !

Ce n'est pas tout. Notre époque, vous le savez, est profondément tourmentée. Eh bien, l'agriculture est une solution large, pratique et pacifique de la plupart des redoutables problèmes qui agitent notre temps. Le vieux Caton, que je citais tout à l'heure, l'avait déjà remarqué. « Ceux qui se vouent à la culture, dit-il, n'ourdissent point de dangereux projets. » L'agriculture, en effet, est ennemie des troubles publics, non-seulement par son intérêt, mais par sa constitution même. Elle occupe l'homme loin des villes, loin des théories perversives et des dangereuses utopies ; elle ne le sépare point de sa famille ni d'aucune des affections et des liens qui lui sont bons et chers, elle ne l'éloigne que de ce qui est pernicieux à lui-même et à l'État.

Tous les produits de l'agriculture viennent d'un acte de vertu volontaire, et tendent à un acte de jouissance légitime. Même en ce monde, la récompense suit l'effort ; et les bestiaux et les matières, et les machines et les produits représentent l'économie, l'intelligence, l'opiniâtreté courageuse, et aboutissent à une plus grande diffusion de la richesse, par une plus grande diffusion du travail intelligent et méritoire.

Pour l'agriculteur, tout ce qui l'améliore le charme, parce que chacun de ses bonheurs est acheté par un effort. Et voilà bien aussi la culture secrète qui plaît aux grandes intelligences dans la vie du laboureur. Voilà surtout la semence et la moisson que la religion trouve à récolter dans les champs de nos âmes, où se préparent et se conçoivent toutes les utiles et laborieuses actions, dont les expositions montrent à tous les yeux les résultats merveilleux.

XII

Restons donc fidèles aux champs, mes amis, mais surtout restons fidèles à la religion! La religion anime et honore tout ce qui atteste un effort de l'homme et augmente son bonheur. Et indépendamment des riches harmonies que nous venons de découvrir entre notre existence et notre foi, que d'autres harmonies plus parfaites encore!

Voulons-nous de la poésie? N'est-ce pas l'église qui est la poésie du village? L'église où nous allons le dimanche, après le travail de la semaine, avec nos compagnes joyeuses et nos enfants épanouis dans une robuste santé? L'église, avec son seuil usé par nos pas et plus encore par le pas de nos pères, avec son clocher qui s'élève, comme un doigt mystérieux, pour montrer le ciel à la terre, sa cloche qui compte nos heures de la première à la dernière, son cimetière où dorment nos aïeux, sa place publique où nous jouons, enfants, où nous causons, jeunes gens, où nous conversons, hommes, où nous prenons l'air et le soleil, vieillards, où passent les nouveau-nés et les morts, et les berceaux et les cercueils, et les mariés et les voiles blancs de la première communion? Entrons donc, laboureurs, mes frères, entrons dans cette maison de Dieu. C'est la maison de notre Père, c'est la nôtre. Le ciel s'y rapproche de la terre. De quoi se compose le culte sacré? Qu'y trouvons-nous? Tous les biens que Dieu donne à notre travail. Le prêtre offre le pain, le vin; il verse l'eau sur le front béni de nos enfants, l'huile sur les membres défaillants de l'infirme; il est vêtu de lin; il brûle notre cire; l'autel est paré de nos fleurs, et il porte le nom de pasteur comme nous.

Que dirai-je des fêtes chrétiennes et de leurs affinités mystérieuses avec nos travaux et nos champs? Nos terres dorment pendant l'hiver :

ainsi dormait le monde dans la nuit et le froid
de l'erreur quand vint le Christ. Mais de même
qu'à partir de Noël le soleil avance dans nos
cieux et le jour gagne, de même, à partir de
là naissance du Christ, divin soleil des âmes,
le jour de la vérité gagna sur la nuit de l'erreur; puis Pâques vient au printemps avec la
résurrection de la nature.

Et ces autres fêtes, si admirablement insti-
tuées pour appeler la bénédiction sur nos campagnes? Cette Fête-Dieu qui fait marcher le
Dieu du ciel dans les sentiers de nos villages,
par des voies semées de fleurs? Cette procession
des Rogations qui chemine en priant dans les
champs, quand le printemps sourit et fait des
promesses que l'automne ne tient pas toujours!
Touchante poésie du christianisme que M. de
Chateaubriand a si bien chantée!

Voulons-nous de l'histoire? C'est l'Eglise qui,
par ses moines, travailleurs infatigables, a dé-
friché la France, je pourrais même dire l'Eu-
rope. Mais sans sortir des lieux que nous ha-
bitons, que de souvenirs monastiques se pré-
sentent à nous! Nous ne pouvons pour ainsi
dire faire un pas, sans que quelque nom floris-

sant autrefois, aujourd'hui trop oublié, nous rappelle les nombreuses conquêtes des moines, par la bêche et par la charrue, sur l'inculte nature! Mais avant tout, c'est le christianisme qui a substitué peu à peu les paisibles travaux, protégés par un pouvoir juste et par une loi équitable, aux violences, aux oppressions qui paralysent toute agriculture en Turquie, en Afrique, en Asie, sur les trois quarts de la terre féconde, mais inculte, faute d'une société régulière qui l'habite. C'est le christianisme qui, peu à peu, comme par degrés, a habitué l'homme à respecter dans son semblable : la vie, plus de meurtre; puis la liberté, plus de servitude; puis le droit, plus d'usurpation; puis la pureté des mœurs, plus de vice; puis le ciel et l'éternité! et qui fait ainsi monter notre espèce du roi de Dahomay, qui écorche ses semblables, à la sœur de charité qui panse leurs plaies! du Chinois qui expose ses enfants, à saint Vincent de Paul, qui recueille les enfants abandonnés, du tas de huttes immondes des Indiens, sans cesse menacés de la maladie ou de la guerre, au groupe charmant du village français, propre, aisé, riant, où tous, pauvres qui

deviennent riches, riches partis de la pauvreté,
les uns qui acquièrent avec ardeur, les autres
qui jouissent des biens acquis avec libéralité,
où tous s'aiment et s'entr'aident : idéal trop rare,
mais réel, si l'Evangile était pratiqué !

Et partant, qu'on ne demande plus quels services les prêtres peuvent rendre à l'agriculture.
Nous semons du blé, ils sèment la paix et la
vérité; nous améliorons l'espèce bovine, ils
tâchent d'améliorer l'espèce humaine; nous
élevons les agneaux, ils essaient d'élever les enfants, ils s'efforcent en tous de faire des hommes.
Les familles riches leur amènent leurs fils, ils
tâchent de faire des riches qui aiment les champs,
qui pensent à les habiter, qui comprennent leur
temps, qui pratiquent leurs devoirs, et s'occu-
pent un peu plus des bœufs et des moutons que
des lièvres et des chevreuils. Les familles pauvres
leur confient leurs enfants, ils tâchent d'en faire
des gens honnêtes qui restent au village, en
goûtent la simplicité, et sentent leur cœur ému
au tintement de l'*Angelus* comme un battement
du rappel.

Aussi, comme le Dieu de l'Evangile est bien
le Dieu de l'homme des champs, et la religion

son amie, son guide et son soutien! C'est elle
qui lui explique l'origine et la loi du travail, qui
l'adoucit en le réglant par le repos trop mé-
connu du septième jour; loi prévoyante et com-
patissante, qui atteste à la fois et la sagesse et
la bonté du Créateur, et que réclament également les forces débiles du travailleur et les besoins de son âme immortelle. La religion lui
enseigne la prière, et avec la prière, l'espérance;
elle a des consolations pour toutes ses peines,
et pour les rudes travaux de sa vie, de meil-
leures récompenses encore que les plus riches
moissons de la terre. C'est elle qui élève vers
le ciel son front couché sur la glèbe, et qui entoure devant lui un horizon plus beau encore
que celui où disparaît à ses regards, dans les
rayons du soir, le soleil couchant.

Ainsi, par le travail des bras, par les vertus
du cœur, par la prière de l'âme, viendront s'as-
seoir sous le toit du cultivateur, qu'il soit riche,
qu'il soit pauvre, la paix, la joie, la forte santé,
la calme conscience, le tranquille bonheur, les
douceurs de la famille, la simple sagesse; c'est-
à-dire enfin les plus précieuses bénédictions de
l'homme. Tous ces biens en effet sont l'apanage

et la récompense du cultivateur honnête, la gloire pure de sa modeste et noble profession, et il sera heureux et fier de les transmettre à ses enfants comme un fidèle héritage. Ainsi, paisible et content sous son toit rustique, le cultivateur ne rêvera pas pour ses enfants, rêve sitôt suivi de tristes déceptions, une autre condition, un autre bonheur. Docile aux conseils de la sagesse et de l'expérience, il se gardera de jeter imprudemment ses fils et ses filles à la corruption des villes ; mais leur mettant de bonne heure à la main la bêche, la charrue, la faucille, tous ces honorables instruments de la fécondité de la terre, de la légitime indépendance et du bonheur de l'homme, il pourra leur dire : « Je vous laisse ce que m'ont laissé mes pères : l'air natal, le toit, le champ, le travail, des goûts simples, l'amour de Dieu et la paix du cœur ! » Précieux patrimoine ! puisse-t-il être gardé ! puissent les enfants, comme les pères, continuer à manier la bêche, la charrue, la faucille, à travailler aux champs, sous le ciel, sous le soleil, respirant à pleine poitrine l'air vivifiant et la lumière, face à face avec les merveilles de la nature et les beautés de Dieu ! Ah !

oui, cela vaut bien, pour la santé de l'âme et du corps, les rues étroites des cités, les fumées de l'usine, l'air étouffant de l'atelier.

Répétons-le donc, honneur à la culture, quelque nom qu'elle porte, à quelques travaux qu'elle s'applique, quelques produits qui sortent de ses mains ! Honneur aux hommes qui, la comprenant et l'appréciant dans sa dignité et ses services, lui apportent, soit leurs bras, soit leurs capitaux, soit leur science et leurs méthodes, soit le glorieux encouragement de leurs prix et de leurs récompenses ! honneur à ces fêtes, à ces concours qui couronnent, qui stimulent, qui assurent les progrès par les merveilleuses expositions des produits de l'agriculture, de ses procédés, de ses méthodes, de ses instruments; par cette mise en commun, si noble et si chrétienne aussi, des lumières et de l'expérience de chacun et de tous. Ah ! qu'il fleurisse parmi nous, cet art antique et divin, source inépuisable de richesses nationales, qui donne à la patrie de robustes enfants, de forts soldats, et à la société, des citoyens honnêtes et sûrs ; barrière contre le désordre, garantie de la paix sociale ! que tout l'encourage et le favorise! que tout en provoque la diffusion, lès progrès et la pratique! et les fermes-écoles, et les colonies agricoles, et les expositions, et les comices, et les cours ouverts pour l'enseigner dans nos grandes villes!

FIN.